Il a retiré son gant de cuir et a posé sa main sur le cou de l'homme.

Les secondes tournaient mais le pouls de l'homme était bel et bien arrêté.
Les gens curieux se sont entassés tout autour d'eux comme à un spectacle de foire.
Quand l'ambulance est arrivée il était trop tard, il fallait laisser choir.
Ils ont chargé le vieil homme et plus personne ne l'a revu.

Les badauds se sont alors dispersés comme si de rien n'était.
Le papa a pris sa fille dans ses bras et ils sont rentrés bien au chaud dans leur grand appartement où une jolie maman et un bon repas les attendaient.

Voilà, ma courte histoire est terminée.
C'était l'histoire trop courte d'un homme, qui n'a jamais fait aucun mal.
Et si personne ne saurait dire comment il est mort, on l'a trouvé sans vie sur un trottoir un soir pluvieux.

La petite fille est devenue médecin depuis et aide autant qu'elle le peut les sans-abris.

Chanson pour Francis

Mais que fais-je là, très loin de chez moi à
Astaffort
Marchant sur les routes où d'autres poètes ont jeté
leur sort
Je vois ses murs de poussière à l'aube revenant
Tes gens formidables et tes gens absents

Tu vises le ciel comme le grand Bob Dylan
Mes petits pas dans les vôtres soufflés comme une
sarbacane
Tu reviens tous les cinq ans mais jusqu'à quand
Assis sur le rebord du monde, neuf, flambant

Francis à l'encre de tes yeux je m'abrite de l'orage
c'est écrit,
Il faudra tôt ou tard s'en aller tel un oiseau de
passage
Qui a délivré tant de beaux messages.
Je voudrais tant te ressembler et mes mots falsifiés
Ne feront jamais tomber ni l'arbre ni l'échelle
Les marches sont trop hautes et c'est presque une
bonne nouvelle

Les yeux bleus pleurant sous la pluie je traîne dans
tes rues

Nos rêves sans limite sous le même parapluie deux
bougies fondues
Partis pour rester je te suivrai sur tes chemins de
traverse
Avec Rosie avec Debbie avec Leila avec la Dame
de Haute Savoie

Tout se finit là,
Et tout recommence un samedi soir sur la terre
avec toi
Sur ma playlist
Merci Francis

En parlant de T.

Je fuirai ce village
Quitterai ces bas idéaux sans courage
Pour aller vers des idées hautes en couleur
Et devenir un soliste des mots sans peur
Les gens se laissent faire, s'enterrent
Des buildings percent de sombres nuages

C'est l'hiver ici sur toutes mes pages
Mais que fait Dieu le père
À boursicoter avec le diable
Je pourrais moi aussi faire de la politique
D'ailleurs j'ai essayé la politique
En local j'ai cru que je pourrais changer un peu le
monde
C'était comme le reste avec des chiffres et du fric

Je préfère les lettres avec des mots d'amour
Des mots que l'on devrait dire tous les jours
Des mots que l'on devrait avoir tous dans sa
cour
Guerre perdue d'avance je préfèrerais devenir
sourd

Dans ma cabane isolée

Ma porte restera toujours ouverte
Pas comme dans ce monde de cloportes
Ce paysage de mer morte
Le boss m'a dit : « Tu reviendras un jour
La poésie c'est une lubie de basse-cour
Ou de basse-écurie, mon petit

Et toi tu fais partie du petit peuple
À faire des burn out pour 10 euros par jour
À gagner ton pain et faire des cadeaux aux tiens
Allez ne pars pas, cela ne sert à rien
Même si dans l'absolu je n'ai pas besoin de toi
Des comme toi à 10 euros par jour j'en ai plein

Tu sais je t'aime bien
Et puis tu es bien dans ton petit village
Avec ta p'tite famille, ta p'tite maison à crédit
Tes quelques dettes et tes arrêts maladies tous
frais payés »
Un très grand homme a dit un jour :
« Que l'on peut vous voler avec un stylo ».
Je ne mis pas longtemps à comprendre
Ce dont il voulait parler.
Beaucoup de gens n'ont pas grand-chose à
manger,
Mais ils ont des fourchettes et des couteaux,

Peut-être qu'un jour ils auront quelqu'un à
découper

Alors, un jour que le soleil sera chaud,
Je fuirai ma petite ville
J'enfoncerai ma casquette sur les yeux
Et partirai vers les cieux de l'ouest.
Adieu, Tréviers.
Salut, ma voie.

Frémissement d'un brin d'herbe

Combien de distance doit parcourir un homme
Pour échapper au sang des siens
Combien doit-il subir de tempêtes
Avant d'espérer trouver une terre d'exil
Et combien d'armes seront vendues
Avant que les fantômes ne se rebellent
La réponse mon ami, est dans le frémissement
d'un brin d'herbe

Combien d'hommes doivent mourir
Avant qu'un cessez-le-feu ne soit proclamé
Combien de femmes doivent être violées
Avant qu'à ces hommes testicules
Ne leur soient arrachées leurs ridicules particules
Combien d'infanticides dans ce monde
d'inhumanité
Avant qu'une force spirituelle ne réagisse
La réponse mon ami, est dans le frémissement
d'un brin d'herbe

Combien de camps doivent être construits
Avant d'y enfermer 99 pour cent des individus
Combien de libertés doivent être supprimées
avant une révolte collective

Combien de déchets la terre doit supporter
Avant de redevenir une morte planète
La réponse mon ami est dans le frémissement d'un
brin d'herbe

La fille de là-bas

Si tu descends vers mon beau pays,
Où les vents soufflent jusqu'à la mer,
N'oublie pas de saluer Betty.
La fille qui fut mon seul amour.

Si tu croises les beaux flamants roses,
Vers l'étang à l'été finissant,
Assure-toi qu'elle ne soit pas morose.
Protège-la du temps et des vents.

A-t-elle encore ses blonds cheveux longs,
Dansant de ses épaules à ses reins ?
A-t-elle encore ses blonds cheveux longs ?
C'est comme ça que je l'aimais bien.

Je me demande si elle m'a oublié,
Pour m'être envolé vers d'autres horizons,
Dans la clarté sans fin des nuits d'été,
Dans la pénombre du petit jour.

Si tu descends vers mon beau pays,
Où les vents soufflent jusqu'à la mer,
N'oublie pas de saluer Betty.
La fille qui fut mon seul amour.

Maitres de la guerre

Vous, maîtres de la guerre
Vous jouez avec des vies
Comme on met des pions
Sur un grand échiquier
En construisant tant d'armes
En créant toutes ces bombes.
Au chaud dans vos bureaux
Vous tuez tant d'innocents

Vous qui éliminez
Dans de lointains pays
Des innocents mal nés
Du mauvais des côtés
Vous qui vous amusez
Je veux que vous sachiez
Vous êtes repérés
Tout cela va changer

Vous les grosses entreprises
De cette Liberté
Vous cette belle France
De la Fraternité
Vous êtes bien armées
A vendre de faux jouets

Qui transforment des vies
En souvenir terni

Combien d'attentats ici
Effaceront la note
Qu'ils se mettent à genoux
Qu'ils payent dans un trou
Qu'ils se tuent, prient et pleurent
Qu'ils se vengent et achètent
Nous combien on s'en fout
Nos armes pour des drames

Et combien de malheur
Et combien d'horreur
De peur, de pleurs, de fleurs
Sur des tomb' je m'écœure
Combien de catacombes
Et combien d'hécatombes
Et de morts dans la boue
Qui tombent à notre goût

Vous, maîtres de la guerre
En enfer vous irez
Sans aucune Rédemption
J'attends avec impatience
Que bientôt vous creviez

Le Ciel est Noir

D'où viens-tu mon fils aux yeux si bleus ?
D'où viens-tu mon fils à l'air si malheureux ?
J'ai marché, j'ai pleuré sur des chemins
goudronnés
J'ai grimpé sur de hauts sommets dénaturés
J'ai longtemps cherché des arbres dans la forêt
Me suis promené à pied sur la Méditerranée
Me suis perdu dans des cimetières démesurés
Le ciel est noir, le ciel est noir
Il est noir, il est noir
C'est une pluie noire qui va tomber

Qu'as-tu vu mon fils de tes yeux bleus ?
Qu'as-tu vu mon fils à l'air si malheureux ?
J'ai vu un bébé qu'on a tué pour être une fille
Un homme se faire tabasser pour une broutille
Un autre en guenille et une petite gentille
Une ville fantôme à cause d'un bacille
J'ai vu souffler dans le vent une brindille
J'ai vu les yeux bleus de Camille qui brillent
Le ciel est noir, le ciel est noir
Il est noir, il est noir
C'est une pluie noire qui va tomber

Qu'entends-tu mon fils aux yeux si bleus ?
Qu'entends-tu mon fils à l'air si malheureux ?
J'entends des hommes d'affaires, de guerre
J'entends un homme pleurer la mort de son père
J'entends la prière d'une mère berbère
La musique de Bob Dylan de l'autre côté de la terre
J'entends le silence de tous ceux qui laissent faire
Le ciel est noir, le ciel est noir
Il est noir, il est noir
C'est une pluie noire qui va tomber

Et alors mon fils aux yeux si bleus ?
Et alors mon fils aux yeux si malheureux ?
J'ai vu des amis prendre de mauvaises routes
J'ai vu des agissements qui mettent le doute
J'ai vu des disputes où personne n'écoute
Des erreurs qui mènent à trop de banqueroutes
Le ciel est noir, le ciel est noir
Il est noir, il est noir
C'est une pluie noire qui va tomber

Que fais-tu mon fils aux yeux si bleus ?
Que fais-tu mon fils à l'air si malheureux ?
Je vais partir avant que la pluie dure ne tombe
Me cacher au fin fond d'une forêt moins sombre

Partir sur une autre planète sans aucune ombre
Avant que cette dure pluie ne tombe en trombe

Le ciel est noir, le ciel est noir
Il est noir, il est noir
C'est une pluie noire qui va tomber

Des rues désertes

La vie n'est plus aussi belle
Sans toi il me manque mes ailes
La vie n'est plus aussi belle
Sans toi il me manque mes ailes
Tous les jours il pleut sur moi

Les rues sont désertes sans toi
Je n'ai nul endroit où aller
Les rues sont désertes sans toi
Je n'ai nul endroit où aller
Ma chérie tu me manques tant
Toi qui es partie si loin

J'ai une valise à la main
Cherche les lieux que tu as foulés
J'ai une valise à la main
Cherche les lieux que tu as foulés
Je ne te trouve nulle part
Vais finir par sauter du pont

Dieu envoie-moi un de tes anges
Pour que des futurs ne s'éteignent
Dieu envoie-moi un de tes anges
Pour que des futurs ne s'éteignent
J'ai tant de choses à faire encore

Avec elle et tous mes poèmes

Reviens vite, tu es ma muse
Ma lumineuse inspiration
Pour que l'on s'amuse, reviens vite
Ma respiration délicieuse
Oui nous nous envolerons
Dans les airs, proches du soleil
La vie ne sera que plus belle
Nous irons partout et ensemble
La vie ne sera que plus belle
Nous aurons du bonheur, des chants
Des joies, du plaisir, des enfants
Et nous marcherons dans la rue
Main dans la main en amoureux

Mon rêve Dylanien

Dans cette ville endormie, seul je déambule
Dans les pas de mes vingt ans tel un funambule
Je marche vers une destination inconnue
Loin de l'effervescence des grandes avenues

Je pass' devant notre bar à l'abri des regards
Puis à l'angle de la rue Bouschet de Bernard
Je me perds presque, attends que la cloche sonne
Il fait vraiment bon pour une fin d'automne

Sans but, sans savoir pourquoi j'arrive à la gare
Il est tard dans dix minutes le dernier train part
Je monte sans billet, vais voir le contrôleur
Prends une place en couchette, pour mon
bonheur

Ce vieux train comme mon compartiment est
vide
Dans le reflet de la vitre j'ai pris des rides
Je m'allonge, sans plus attendre, je m'endors
Bercé par le moteur ronronnant de dehors

Il me vient vite un rêve, entouré d'amis
Je suis jeune, à la table de ce bar assis
Avec Christèle, Olivier, Michel et Sandrine

On boit, on picore des tapas, on fulmine

On refait le monde on imagine demain
On rigole on n'a qu'une parole on revient
On est bien et on se contente d'un rien
C'est l'insouciance, les études, et le lien

Nous pensions tous que nous ne vieillirions
jamais
Mais que nous nous retrouverions trente ans
après
Le temps s'est écoulé, s'est écoulé bien plus
Et dans ces vieilles amitiés il n'a jamais plu

Le train s'est arrêté, je me réveille, descends
Un hasard étonnant, j'arrive juste à temps
Chez Michel et Christèle

Une bouteille à la mer

Ce n'est pas un loubard, pour boire
Comme il boit du matin au soir.
Il est tombé dedans petit
C'est familial de père en fils

Il a souvent eu pour amis
Les plus chers, bière et whisky
Il s'est souvent retrouvé seul
Avec l'âme trop grise en pleurs

Il a vécu beaucoup de bas
Des chutes des rechutes chut
Être alcoolique il ne faut pas
Le dire dans ce monde brut

Des années après, cela te hante
Il ne faut pas que tu te mentes
Tu as peur d'être rattrapé
Par tes fantômes mal sapés

Et puis dans cette société
Si tu n'es pas comme les autres
Si tu as la gueule d'apôtre
Tu es banni sans pitié

C'est si dur pour toi et tes proches
Le passé te poursuit trop moche
Tu sais quand le présent s'enfuit
Tu sais le ver dans le fruit

Tu as réussi mon ami
À vaincre ton grand ennemi
À connaître cette faiblesse
La dompter, la tenir en laisse

Tu as réussi, à un peu t'aimer
À gravir de si hauts sommets
Et si nous sommes tous fragiles
Tu es plus qu'un autre, habile

Quel courage, quel homme sage
Tu es sorti de cette cage
Sans demander ni dire à Dieu
Avec le désir d'être heureux

Señor Martin

Señor Martin
Vivait hors d'un patelin
Señor Martin
Vivait seul dans une bicoque
Le pauvre sans aucune alloc
Sur le dos une peau de phoque
Ou une chemise à carreaux déchirée

Il travaillait très dur au champ
Pour le reste c'était un sans-dents
Quatre mois par an, peu d'argent
Pour le reste c'était un sans-dents
Comme dirait le président
Pour le reste il est ignorant
Mais ne sera jamais méchant

Il n'a eu ni femme ni enfant
Ni femme pour les chenapans
Ni gamin pour faire ornement
Il les aurait aimés c'est sûr
Même s'il aime l'alcool trop pur
S'il est passé par quatre murs

Ça c'était une vieille histoire
Il avait bien trop bu un soir

Un beau coup de poing fracassant
Sur le nez d'un policier menaçant
Vit' fait au tribunal des accablants
Nourri, logé presque cinq ans

Señor Martin est étranger
Il est né dans cette contrée
Pourtant, dans les belles années
Mais cet enfant abandonné
Il n'a pas su en profiter
Des structures subventionnées
D'un pays où il y a du blé

Maintenant il est fatigué
Le pauv' il ne peut plus travailler
Qui plus est, il est délogé
Sa cabane de la carte balayée
Il part pour la cité d'à côté
Dans une rue sur les pavés
Se coucher, y rester
Pour l'éternité

Change le monde…

Où que vous soyez
Réveillez-vous braves gens
L'eau est bien montée
Soyez clairvoyant
Admettez que bientôt
Vous serez submergés
Si vous souhaitez être sauvés
Il est temps maintenant
De savoir naviguer
Car change le monde, changent les temps

Et vous tous érudits
Qui critiquez notre sort
Passez des écrits aux actes
Il est temps encore
La roue de la fortune
Est en train de tourner
Elle va sûrement s'arrêter
Les perdants d'hier
Vont forcément gagner
Car change le monde, changent les temps

Vous les hommes politiques
Écoutez maintenant
N'encombrez plus les écrans

De discours faméliques
Si vous ne changez pas
Vous serez écrasés
Car les murs du palais vont tomber
C'est la grande bataille
Qui va se livrer
Car change le monde, changent les temps

Venez nos mères venez nos pères
De tous les territoires
Il faut vous élever
À bien plus de bonté
Vos enfants doivent y croire
Aller vers d'autres histoires
Les routes anciennes sont usées
Marchez sur des nouvelles
Ou bien restez esclaves
Car change le monde, changent les temps

Et le sort et les dés
Maintenant sont jetés
Un peu plus chaque jour
L'ordre est bouleversé
Le soulèvement lancé
Va tout faire basculer
Comme le présent bientôt
Sera déjà dépassé

Les premiers d'aujourd'hui
Seront les derniers
Car change le monde, changent les temps

Les textes du chapitre 1 sont inspirés de :

Un homme dans la rue : Man on the street – 1961

ALBUM : "Bob Dylan" – 1962
- Chanson pour Francis : : Song to Woody
- En parlant de T. : Talkin' New York

ALBUM : "The freewheelin' Bob Dylan » – 1963
- Frémissement d'un brin d'herbe
- La fille de là-bas: Girl of the north country
- Maitres de guerre : The freewheelin' Bob Dylan
- Le ciel est noir : A hard rain's a gonna fall
- Des rues désertes : Down the highway
- Mon rêve Dylanien : Bob Dylan's dream

Une bouteille à la mer : Moonshiner

ALBUM : "The times they are a-changin' -1964
- Señor Martin : Ballad of Hollis Brown
- Change le monde… : The times they are a-changin'

En contradiction avec Bob Dylan

Chapitre 2

Dans ce chapitre 2 vous retrouverez 12 chansons supplémentaires. Voici donc « En contradiction avec Bob Dylan » sur ses fabuleuses années rock et fertiles entre 1964 et 1966.

Certains diront qu'elles font partie encore de ses plus belles années, d'autres y trouveront une continuité avec des chansons toutes aussi exceptionnelles. C'est aussi le début d'une frénésie Bob Dylan.

Le bateau sobre

Le temps est venu
Où quatre vents retenus
Par quatre anges déchus
Attendent calmement
Comme avant un bel ouragan
L'heure où il accostera

La mer s'écartera
Pour laisser le vaisseau
Passer entre ses eaux
À son bord une aura
Brillera dans un monde naissant
L'heure où il accostera

Le monde animal
Reviendra sur une terre fertile
Dans des eaux limpides
Des saisons normales
Des hommes débarrassés du mal
L'heure où il accostera

Les paroles alors employées
Ne seront que des mots d'amour
Dans le souffle sobre d'un non-retour
Et d'une vie à festoyer

Quand le bateau sobre accostera

L'ennemi dans un sommeil profond sombrera
La victoire nous exaltera tu verras
Le voyage s'achèvera, on triomphera
Le jour où le bateau accostera

Je serai libre N°1

Je suis comme une femme, trop ordinaire
Je ne fais pas la guerre, ne manque pas d'air
Je suis la fille du nord, la mère du sud
Parfois je suis à l'ouest, à l'est c'est trop rude
Il n'y a pas de raison je suis bien maquillé
Je vais te taquiner, te déshabiller

Je patinais pas mal avec Gabriella
Papadakis mais sans Guillaume là la la
Sur une bonne musique de Bob Dylan
Nous nous baladions sur les lacs et les étangs
Pour distraire l'aristocratie du XIXème
Pour satisfaire les téléspectateurs du XXème

Je balancerai des porcs, 1 ou 2 milliards
Et avec eux l'homme qui valait 3 milliards
Je rajouterai des boules pour un billard
Et m'offrirai quelques poules en père peinard
Dans l'arche de Noé, un taureau, une vache
Toi aussi je veux bien, même si tu fais tâche

Dans ces blagues décalées vous pourrez chercher
un autre côté,
Je me suis senti libre, mais pas aliéné
Je vais quitter mon boulot de sale banquier
De comptable privé de son château de sable
En Espagne, chez Miro, chez Dali j'irai
Pourquoi pas boire de leur vin, manger à leur table

Je serai le maître tout-puissant
Qui ne fait rien pour les indigents
Et qui se pâme de faire le gars compatissant
Je serai surtout libre, libre de le dire et libre de
mentir
J'en fait serment devant le plus grand menhir
Celui qui porte à sourire et à médire

Au sous-sol

Pat mon ami a remis son masque
C'est bien là, la symphonie, le carnaval
Tu es sur la chaussée ce n'est pas la marée
Ni même la mariée, tu lui promets
S'il veut t'arrêter qu'il descende de son cheval
Avec une bombe ou un casque à scandale
Toi tu ne vas pas la voir tu n'as pas besoin de ça
Tu as ce qu'il faut, faut croire même si ça n'est pas
tous les soirs
La fille de joie ne joue pas et pourtant il s'en donne
à cœur joie
Allez sort de ton sous-sol Pat

Betty est passée par là
Son cœur léger, sa frimousse cachée
Et le corps bien planté d'une fausse rousse
Avec une poitrine qui pousse dans la prairie alpine
Le téléphone sonne, le procureur pleure
À l'autre bout il est à bout, à force de traîner
Dans la boue de pauvres criminels qui chaque fois
se font la belle

Et pour revenir à Betty, elle dit :

"Ça suffit tu vois bien que monsieur l'agent a d'autres choses à faire,

Rentre chez toi et donne-lui un peu d'argent,

Il n'a pas eu sa dose depuis un moment"

"Mais c'est quoi ce tapage" répond le clochard du coin,

"Va manger tes spaghettis, Betty"

"Quant à toi le pat-ibulaire rentre chez toi, faire ton affaire au sous-sol"

Quant à Monsieur l'agent nous avons trop à faire

Tout le monde se tait, se terre,

Quand "Monsieur météo" t'annonce que demain il va faire beau

Tu le crois, tiens,

Même quand le surlendemain tu as vu que la veille il a fait un temps de chien.

Mais tu ne te rappelles plus, de rien.

Petit veau rien, vache allez, bœuf carotte cuite, tôt rot, espèce de sale porc.

Nous sommes des malades en forme,

Jusqu'à ce que le réveil déménage dans un carton pour la déchèterie

Je ne te raconte pas des salades, avant que tu ne dormes dans tes rêveries

Ils veulent que tu t'endormes,

As-tu pris ton cachet du soir, et celui du matin, celui du midi, celui pour papa, celui pour maman, celui du chat qui sourit, du monde animal qui fait mal, en sous-sol

Mon cher Pat

Renais-tu de tes cendres ou complotes-tu avec le diable ?

Fais gaffe mon ami, les cadeaux tombés du ciel t'aliènent à des potos trop beaux

Qui finiront avec toi dans les caniveaux.

Tu as le choix.

Ma bien chair Betty,

Elle a pris son parti de la mastectomie

De se faire retirer ses deux gros seins

Pour passer du sport en chambre au sport de compétition

Ou pour moins officiellement

Se passer d'une tumeur maline à une humeur maligne.

Et ce policier sur son cheval

A-t-il sauté dans un trou ?

S'est-il mis la corde au cou ?

Est-il devenu simplement fou ?

Ou sur le bateau s'est-il mis à la proue ?

Comme ce pauvre Léonardo Di Caprio

Pour faire le plus grand des finals

Avec son ami le sans-abri

Du sous-sol sorti

La ferme de Noël

Avez-vous été gentil cette année

Pour que le père Noël vous gâte

Bande d'aliénés, de lobotomisés

Le sapin est caché derrière la montagne de paquets

cadeaux en ce matin de Noël.

La crèche est pleine et le petit Jésus dort à peine,

Il pleut dehors,

La Seine presque déborde de son lit,

Les congés payés ne sont pas encore morts,

Je ne sors plus,

Je me crois plus fort que Bob qui n'ira plus

travailler à la ferme de Maggie

No more

J'ai la tête pleine d'idées

Qui rendent folle mon épouse

J'ai été trop con cette année de trop m'écraser

Je ne veux plus croire à la magie de Noël qui fait

tomber du ciel des objets inutiles

Et qui nous prend l'essentiel.

Il faut faire comme tout le monde

Et rentrer dans la ronde

Devenir immonde

J'ouvre la bonde

Et pars dans les égouts

Avant que le tonnerre ne gronde

Avant que je ne sois à bout

Que je ne perde un écrou

Et sois écroué pour faute grave d'avoir trop aimé

Et d'être trop peiné de cette injustice

Qui touche les poètes imbéciles aux derniers déciles.

Elle fait comme si on venait de se rencontrer

Je n'arrive pas à comprendre
Elle me tient toujours la main
En me coinçant ici face à un mur
C'est sûr je voudrais bien savoir
Pourquoi elle est restée
Juste derrière moi elle est chaque fois plus belle
Depuis le jour où elle a enflammé mes sphères
Elle disait que je pourrais l'oublier
Mais quand le matin apparaît
Elle est toujours à mes côtés
Et fait comme si on venait de se croiser

Ce n'est pas récent pour nous
Mais ça restera un mystère
Puis ça deviendra même un mythe
Pourtant c'est difficile d'imaginer
Qu'elle puisse rester la même
Que celle qui fut près de moi la nuit dernière
Qu'elle soit passée des ténèbres à la lumière
Pour illuminer mon plus beau des rêves
Et qu'il en soit de même pour elle

Cela reste exceptionnel

Pour une fille que je venais à peine de rencontrer

Quand elle a très mal,

Je nous soigne pour deux

Et au final, c'est elle qui nous guérit

Quand elle n'est pas près de moi

Je m'en veux loin de ses yeux

Mon joli cœur se flétrit

Le retour est alors des plus explosifs

Entre nous un amour charnel intensif

Un amour éternel qui ne s'use jamais

Un amour passé qui sans cesse est retrouvé

Pour celle qui venait de m'apercevoir

Quelquefois il est difficile

Avec mes envies de prendre la route

Mais jamais je n'ai de doutes

Malgré ce temps qui file et défile

Je t'y mettrai dans mes valises

Et toi toujours sur mon ciel tu vises

La lune, le soleil, les étoiles,

Tu seras dans tous mes écrits dans toutes mes toiles

Crois-moi mon amour

Et fais toujours comme si l'on venait tout juste de

se rencontrer

Elle n'appartient qu'à elle

Elle fait tout ce qu'elle veut
C'est une déesse, sans maître ni Dieu
Elle fait tout ce qu'elle veut
C'est une déesse sans maître ni Dieu
Elle peut faire un bébé toute seule
Peut l'aimer lui ou elle ou les deux

Elle est toujours debout
Quand l'homme meurt à la guerre
Elle reste bien debout
Quand l'homme s'entre-tue sur terre
Elle enfante le monde, le beau
Dans son ventre dans ses eaux

Elle obtient tout ce qu'elle veut
L'homme est à ses pieds d'argile
Elle obtient tout ce qu'elle veut
C'est l'homme le plus fragile
Elle élève ses enfants d'instinct
Promet de beaux lendemains

Elle porte aussi tout le fardeau
De ce monde plein d'idiots
Elle porte aussi tout le fardeau
De ce monde sans grands idéaux
Elle émerveille à la ville les imbéciles
De son corps elle éblouit la campagne

L'homme s'incline devant elle
Lui baise les pieds, fait des pieds et des mains
L'homme ne peut que décliner devant elle
Cette beauté de corps et d'esprit
Qui emportera le mal sur un bateau
Le bien sur ses seins tout chauds
Qui n'appartient qu'à elle

Tout commence pour toi ma grande

Tu t'en vas là, prends ce qu'il te faut, l'éternel
Mais quoique tu veuilles, vite, fais-toi la belle
Là-bas tu seras loin des tiens, prends mon fusil,
Tu nettoieras le devant de ton domicile
Des méchants voudront écraser tes plates-bandes
Tout commence pour toi ma grande

Le chemin est tortueux et bien dangereux
Sers-toi de tes armes, de ta tête et fais feu
Dégaine la première avec tes atouts
N'aie pas peur, ce monde est fou pour pas un sou
Mais toi tu viens de la forêt de Brocéliande
Tout commence pour toi ma grande

Le bateau avec toi à son bord partira
Vers un souffle nouveau, une nouvelle aura
Le capitaine est bien valeureux tu verras
Il ressemble au prophète que je ne suis pas
Il portera dans son cœur toutes les offrandes
Tout commence pour toi ma grande

Avec l'aide des anciens tu t'envoleras

Vers le moindre espoir que tu enchanteras

Tu ramèneras la paix dans tous les combats

Tu protègeras les faibles et tu sauras

Gratter l'autre allumette dans la sarabande

Tout commence pour toi ma grande

Il en faut beaucoup pour rire, il suffit d'un train pour pleurer

Je voyage dans un train couchette, chérie,

Les mouvements réguliers me bercent

Je suis rapidement plongé

Dans un monde merveilleux, chérie,

Allongé sans ce corps qui me touche,

Sans ces mains qui me caressent

Je meurs ici renaît là

En haut de la montagne

Et si je ne réussis pas,

Vous savez que vous chérie vous le ferez.

La lune n'est-elle pas belle, ma mie

Quand elle est pleine sur le château d'en haut ?

Le conducteur du train n'est-il pas grand, ma mie

Quand il fait rouler ce vaisseau sur ta peau ?

Le soleil n'est-il pas beau

Quand il descend sur la mer ?

Et ma chérie n'est-elle pas belle

Quand elle songe à accourir vers moi ?

C'est notre dernier hiver,

La terre sale gronde

Sous l'effet de nos propres bombes

Les miroirs nous déforment Hombres

Je suis venu le dire à tout le monde,

Mais je n'ai pas pu me réveiller

Je veux être ton homme, chérie,

Je ne veux pas être ton rêve

Ne dis pas que je n'ai pas souhaité

Dépasser les frontières

Faire dérailler le train

La départementale une revisitée

Joseph est mort
Aucun Sauveur
Aucune Marie pour faire et défaire le sort
De notre histoire, de mon histoire
Quand c'est heure faut croire
Que l'on ne peut rien refaire
Il faut se terrer dans sa chair
Et reprendre son bâton de pèlerin
Sur le chemin t'attend le bien
En commençant par la D1
Rien à voir avec l'US route 61

Mon père Joseph dit Jo
Mon héros
Est parti dans l'enfer
Des îles sous un soleil de plomb, attraper son
cancer
Quand il est revenu, pour la mauvaise lune
Notre pèlerinage sur la D1
N'a pas permis sa résurrection

Pourtant les paysages ne manquent pas de
séduction, de frisson, d'émotion

Dans ce beau département de l'Hérault
De plages de sable fin où il y fait chaud
À cette belle métropole Montpelliéraine
Il ne manque rien, et si l'on s'en donne la peine
La petite route à lacets de corset
Personne, surtout moi ne peut s'en lasser
Avec 36 vues sur le Pic Saint Loup
Avec la Séranne, le fleuve Hérault,
Avec cette vallée de la Buèges à vous tordre le cou
Tellement c'est beau
Je me proclame héraut de mon beau pays

Cette route secondaire vers Compostelle
Qui est belle comme mes Demoiselles
Je l'ai tant arpentée, tant admirée
Qu'il me sera difficile de la quitter
Je pourrai la refaire tant et tant encore
Qu'elle me montrera un nouveau corps
Jusqu'à la mer, à l'étang de l'Or
Elle n'a peut-être pas la longueur

De la Blue Highway mais elle a la candeur

La fraîcheur à s'y perdre de bonne humeur

Tu es la première dans mon cœur en chaleur

Et quand je monte à ta Chapelle Saint Joseph

En pensant à toi, face à la grande croix,

Je pleure

Papa

Comme une pierre plantée

Je ne réécrirai pas « Like a Rolling Stone »
Pour une pierre qui roule, je suis aphone
Je préfère les happy end des contes de fée
Au rock enflammé d'un Bob désabusé
" Il était une fois une fille très bien habillée »,
De ta superbe tu savais qui tu étais
Et comment le monde tournait autour d'une poupée
"blonde on blonde"
Personne ne te fera marcher
Ni t'écrasera les pieds
Grande fille dans la ronde

Comment se sent-on ?
Comment se sent-on quand on a toute sa raison ?
Comme une parfaite étoilée
Comme une pierre bien plantée

Tu ne viens peut-être pas de la meilleure école,
Miss grand cœur
Ni même du château d'If

Comtesse aux multiples cristaux

Mais avec toute cette élégante candeur

Tu sais ce qui se passe de l'autre côté du périf

Pour des gens normaux

Et si personne n'enseigne comment vivre dans la
rue

Tu sais être née du bon côté

Même si être une fille c'est toujours compliqué

Tu disais que tu saurais ne pas trop souffrir du
malheur des autres

Mais tu savais qu'il n'y avait que dans l'action de
l'amour de ses prochains

Qui pouvait donner des excuses aux mauvais
côtés de l'être humain

Tu n'es ni aveugle ni sourde et tu entends toutes
ces musiques

Il n'y a que celle du cœur que tu chantes et que tu
joues avec tes amis

Comment se sent-on ?

Comment se sent-on quand on a toute sa raison ?

Comme une parfaite étoilée

Comme une pierre bien plantée

Jamais tu ne te préoccupes de ces acrobates qui tombent toujours sur leurs pattes

De ces dompteurs qui jamais de mangeurs ne deviennent mangés

Mais quand le jamais côtoie le possible alors tu les accueilles sans rancœur

Et à leur grand bonheur éteint tu leur offres une lumière pleine de petits bonheurs

Et tu remontes toujours sur ton cheval de bois à bascule avec autant d'ardeur

Comme une petite fille au grand cœur, une âme sœur bien plantée

Comment se sent-on ?

Comment se sent-on quand on a toute sa raison ?

Comme une parfaite étoilée

Comme une pierre bien plantée

Princesse dans ton clocher avec tout ce joli monde rassemblé

Qui loge, soigne et panse des avenirs mal assurés

Tu ouvres des portes, passes s'il le faut par des fenêtres ou comme la mère Noël par la cheminée

Tu donnes et, impatiente, attends en retour un sourire, un visage illuminé

Pour ces invisibles tu souhaites qu'ils fassent la paix avec leur passé éprouvé

Qu'ils prennent un nouveau départ pour se reconstruire

Et devenir l'être aimé que l'on doit tous être en droit d'être considéré

Comment se sent-on ?

Comment se sent-on quand on a toute sa raison ?

Comme une parfaite étoilée

Comme une pierre bien plantée

Juste une absurdité

Personne n'éprouve de peine
La nuit quand dans mon lit
En continu tombe la pluie
Et si Babe a de beaux habits
Sur les réseaux soucieux du prix
Mary règne comme une femme, un cri

L'homme présomptueux choisit,
D'asservir la gente féminine
De fondre comme le fait Dali
Ses horloges, ses figurines
Reine Mary donne sa beauté
Juste comme une femme, étoilée

Demain il retournera la voir
Et chaque soir elle caressera
Le vain espoir de croire
Mais un jour son miroir, cassera
Il partira avec leur beau passé
Juste avec une fraîche dame-oiselle illuminée

On pourrait penser qu'il y a une morale

À cette petite histoire banale

Que l'homme ne recommencera pas

Que les petites filles sont instruites là

Mais l'argent prolifère dans le corps des porcs

Et les truies sont plutôt jolies avec leur costume
rose

Juste comme un homme et une femme, une chose

Un jour viendra où des gens bons

Comprendront que tout n'est pas si bon dans le
cochon

I want you

Les fausses joyeuses coupables respirent

Elle m'est apparue dans un de mes voyages,
Comme une fille perdue, qui en a oublié d'être
sage,
Toutes les autres filles sont coupables
Toutes l'évitent, et toutes l'accablent
Je te veux

Le joueur d'orgues de barbarie t'implore

Laisse-la à la nuit, préfère être solitaire
Elle t'amènera dans ses profondeurs
Bousillera ton petit cœur de manières
T'emportera dans ses douleurs, ses mystères
Je te veux

Les saxophones argentés disent que je devrais te
refuser.

Elle m'est apparue comme une fille à la rue

Une fille aux yeux bleus à moitié nue
Sans ses longs cheveux blonds
Sans ce grand cœur qui fait trop de bonds
Je te veux

Mais elle a fait fêler les cloches et essouffler nos
corps

Elle est descendue en apnée dans le sang de mes
entrailles
Dans l'enfer de son âme,
Dans le paradis de ses piques de dames
Elle est montée au 7ème ciel à la recherche de
l'ultime faille
Je te veux, je te veux, je te veux tellement,
I want you

Le bateau ivre te ramène, tu es bien à la peine
Tu ne ferais même pas mal à une méchante reine
Une mère pleure tes fautes et celles des autres
Ton héros dort à poings fermés à tes côtés
J'ouvre la porte
Je te veux, je te veux,

I want you

Ton père même disparu
Il m'est partout apparu
Je te veux tellement
Que je referme la porte
I want you

Et dis-moi
C'est quoi le véritable amour
Pour un homme en bas de la tour ?
Et pourquoi
Toutes les filles ont des rêves
Bien plus grands que leur ventre ?
Un enfant pour Adam et Eve
Et puis on recommence balle au centre
Je m'en fous
I want you

Tu es devenue
Ma moitié
Ma plus belle des avenues
A satiété

Et il n'y a rien que tu ne voies pas
Et tu sais où j'aimerais être ou pas

I want you, I want you, I want you so bad

Chérie, je te veux.

Les textes du chapitre 2 sont inspirés de :

ALBUM : "The times they are a changing » -1964
- Le bateau sobre : When The Ship Comes
  I

ALBUM : "Another side of Bob Dylan". - 1964
- Je serai libre N°1 : I Shall Be Free No.10
- Elle fait comme si l'on venait de se
  rencontrer : I Don't Believe You (She
  Acts Like We Never Have Met)

ALBUM : "Bringin'it all back home"- 1965
- Au sous-sol : Subterranéan homsick
  blues
- La ferme de Noël : Maggie's farm
- Elle n'appartient qu'à elle : She Belongs
  To Me
- Tout commence pour toi ma grande : It's
  all over now, baby blue

ALBUM : "Highway 61 revisited" - 1965

- Il en faut beaucoup pour rire, il suffit d'un train pour pleurer : It Takes a lot to Laugh, It takes a train to cry
- La départementale une : Highway 61 Revisited
- Comme une pierre plantée : Like A Rolling Stone

ALBUM : "Blonde on blonde". - 1966

- Juste une absurdité : Just like a woman
- I want you : I Want You

Dans la peau de Bob Dylan

Chapitre 3

12 chansons supplémentaires dans ce chapitre 3 intitulé « Dans la peau de Bob Dylan ». Ce nouveau chapitre de sa vie retrace ses années 1967 à 1970. Cela marque surtout un tournant après un accident de moto qui l'écarte de la scène et de ses excès. Sa musique est plus country, et moins engagée, parfois critiquée mais tout aussi belle.

I pity the rich immigrant

Je plains le riche immigré
Fier d'avoir abandonné son pays,
Heureux d'avoir vaincu la démocratie
Qui se retrouve à la fin bien esseulé
Celui qui veut passer à la postérité
Dans l'oubli de sa douce lignée
Il se ment comme il respire,
Il a peur du pire, sa mort en point de mire

Je plains le riche immigré
Qui sera toujours cet étranger mal aimé
Dont le succès à la tête lui est monté
Dans sa cour des loups affamés
Qui attendent pour le dévorer
Dans son lit de belles poupées
Couchées à l'origine du monde
Biaisées pour ne pas être mal élevées

Je plains le riche immigré
Qui a vite eu fait d'oublier, le rat
D'où il vient et où il terminera

Le malheureux les poches pleines

Le ventre immense il va mourir sur scène

De ce mal qui ronge tous les scélérats

Je plains le pauvre immigré

Quand il a atteint le sommet

Il n'a plus qu'à se retourner et tomber

Chris Jack Isermann

Chris Jack Isermann
Fut ambulancier dans l'Oregon
Il a été poursuivi par ses démons
Cela fait fort longtemps maintenant
Il en a craqué des allumettes
En a transporté des corps sans tête
Mais l'homme à qui il a fait le plus de mal
C'est celui qu'il voit dans sa glace comme un chacal

Chris Jack Isermann
Se souvient quand il est arrivé trop tard
Et qu'il a chargé l'homme du trottoir sur son brancard
Cela aurait pu être lui ou un père peinard
Il a vu la petite fille pleurer, les badauds se disperser
Mais qu'est-ce qu'il aurait pu faire
Sortir son révolver, griller une dernière cigarette

Chris Jack Isermann

A rempli le formulaire

S'est vu tomber dans un verre

Une ombre derrière l'a appelé de son nom

Encore un Caïn qui lui ferait un sermon

Mais dans la mécanique de son cœur

Il n'a jamais fait d'erreur,

N'a jamais fait

La moindre erreur.

Le messager

Est-ce que le messager
De mauvaise augure est revenu ?
Se dit l'homme qui du bus est descendu
Dans les champs de noirs corbeaux
Ne volent pas bien haut
Le ciel subitement s'assombrit
L'homme vite recherche un abri

Quand l'orage a éclaté
L'homme fut rapidement trempé
Sous le ridicule porche au toit abîmé
Le méchant messager est déjà bien installé
Pour dire ses 4 vérités sur le bûcher des vanités
Que viens-tu m'annoncer que je ne sache déjà
Une mauvaise nouvelle, alors garde-la

Il n'y a que des mauvaises nouvelles
À tout bout de champ
Que puis-je y faire, l'apocalypse nous appelle
Entends-tu le chant puissant
Prépare tes affaires, un bateau part

Demain matin pour le paradis gris,

Et demain soir pour l'enfer presque vert

C'est selon,

Mais dans aucun des proverbes de Salomon

Ce matin je suis ton amour

Ouvre tes yeux
Ouvre les fenêtres
Tu n'as plus à t'inquiéter
Ce matin je suis ton amour

Allume la lumière
Fais glisser le rideau
Oublie tes peurs, et tes pleurs
Ce matin je suis ton amour

L'acrobate a réussi son numéro sans tomber
Ouf les spectateurs sont soulagés
La femme du dompteur n'a pas vu son mari
dévoré
Par le roi lion dépité, écœuré
Car le roi c'est moi, la reine c'est toi

Enfile tes plus beaux habits
Après une nuit de rêve
Je t'emmène ma belle, mon Eve
Tous les matins je serai ton amour

Aujourd'hui

Je jette mon billet en confettis
Au-dessus de notre balcon fleuri
Derrière, tu es toujours endormie
Dans ce grand lit, envolés nos soucis
Aujourd'hui près de toi je reste ici

J'aurais dû quitter cette ville libre
Mais en ce jour ma vie est bouleversée
Et la tienne va s'en trouver changée
Car nous avons trouvé notre équilibre
Aujourd'hui je reste ici avec toi.

Est-ce vraiment surprenant cet amour
Il peut tout changer à l'aube venant
Tu as jeté ton charme, envoûtant,
Tout est possible pour moi maintenant

Je vois mon avion partir au loin
Je vois sa traînée blanche dans le ciel
Cette hôtesse qui ne se penche pas
Sur ce siège libre où je ne suis pas

Ton sourire je l'ai sous ce toit
Aujourd'hui je reste ici près de toi

Je déchire mon billet en confettis
Au-dessus de notre balcon fleuri
Derrière, tu es toujours endormie
Dans ce grand lit, envolés nos soucis
Je resterai toujours près de toi

Restez, Lady, restez

Restez, Lady, restez couchée sur le grand lit doré
Restez, Lady, restez assoupie sur le grand lit doré
Quelles que soient les couleurs qui n'éclairent plus
votre âme
Je vous montrerai l'arc-en-ciel et ferai briller votre
cœur

Lay, Lady, lay en travers du grand lit doré
Lay, Lady, lay beauté aux nues sur le grand lit doré
Restez, Dame, restez l'éternité avec moi comme
homme adoré
Au lever du jour, laissez-moi contempler votre
corps assouvi
Mon corps est meurtri à moi aussi mais mes mains
sont douces
Et vous êtes la plus belle espérance que j'ai croisée
sur ma route

Restez, Dame, restez l'éternité avec moi comme
homme adoré

Pourquoi attendre plus longtemps la fin de ce
monde laid

Vous pouvez avoir l'aurore et le soleil se coucher

Pourquoi attendre plus longtemps celui que vous
espérez

Quand il se tient juste devant vous prêt à vous
sauter au cou

Lay, Lady, lay couchée sur le grand lit doré

Restez, Dame, restez là car la nuit fut trop courte
pour un voyou

Je souhaite que mes mains découvrent le verrou

Je désire vous voir à la lumière du jour sans tous
vos dessous

Restez, Dame, restez car avec vous la nuit n'existe
plus sur nous

Les Jabacs

Tout le monde construit de grands bateaux, de
grands idéaux
Certains construisent des forteresses,
D'autres s'essaient à la poésie,
Tout le monde se désespère de ses fléaux
Chaque homme, chaque femme
Mais quand les Jabacs sont là,
Tout le monde saute de joie.
Venez tous dedans, plongez sur vos écrans
Vous ne verrez rien qui ressemble aux souriants
Jabacs

J'aime avoir le goût des autres, j'aime un air de
famille
Et avoir le sens de la fête dans la cuisine et les
dépendances,
Les Jabacs font un tabac dans les salles, dans les
salons
Ils nourrissent des pigeons sur une branche
Comme quand Quinn l'esquimau était là,
Tous les pigeons couraient vers Dylan

Venez tous dedans, plongez avec vos écrans

Vous ne verrez rien qui ressemble aux souriants Jabacs

Didier on ne sent pas le cul des filles, aux jours d'aujourd'hui,

Les répliques je pourrais toutes les citer,

Sur la place publique ils feront une photo de famille

Vivez de bonne soupe et non de beau langage

Le générique de fin défile, assis sur les escaliers extérieurs, il chante Osez Joséphine

Car quand Bacri est là,

Il fait hennir les chevaux du plaisir pour que rien ne s'oppose à la nuit

Venez tous dedans, plongez dans vos écrans

Vous ne verrez rien qui ressemble aux souriants Jabacs.

Seul avec toi

Être seul avec toi
Rien que toi et moi
Dis-moi tout maintenant bébé,
Par là ne fallait-il pas commencer ?
S'énamourer l'un à l'autre
À passer des nuits blanches
Entre deux avalanches
Pour être tous les jours dimanche
Quand je suis seul avec toi.

Être seul avec toi
Tout le jour et la nuit
N'avoir que toi à regarder
Alors que le monde se débat
Et de débats en ébats
Tous les plaisirs de la vie sont à prendre
Les moments les plus beaux
Sont d'être seul avec toi.

On dit que la nuit est le meilleur moment
Pour être avec qui et quoi l'on aime

Mais la journée aussi il faut se distraire
Pour ne pas se perdre dans des pensées
Je voudrais vivre au cercle polaire
Là où il fait nuit 24 heures sur 24
Afin que tu me dévoiles tous tes charmes
Toi seule, près de moi
Pour te prendre dans mes bras.

Je ne remercierai jamais assez mon ami Lucky
D'avoir laissé échapper sa Jolly Jumpy
Qui m'est tombée du ciel en grâce éternelle
Être seul avec toi, la seule que j'aime

Si les juments sont libres d'aller au pas

Si les juments sont libres d'aller au pas
Pourquoi pas nous
À travers la steppe immense
Ils murmurent à l'oreille des chevaux et des
licornes
Le Caballero ne joue pas au rodéo menteur
Et la sirène enchanteresse a tant de peine dans son
cœur
Il reste toujours le meilleur à venir
À partir en liesse ou à revenir
À être sans avoir ni devoir
À faire ce petit pas si important
Maintenant
Là
Si les juments sont libres d'aller au pas

Si les juments sont libres d'aller au pas
Pourquoi pas nous
À travers les sables mouvants du temps
Les animaux livrent un combat en symphonie
D'une beauté sans fard ni accessoire

Et l'homo sapiens s'enivre de son invincibilité

À courir partout à aller nulle part

Cette histoire sera vite emportée par les vents

Nous y allons tout droit sans ménagement devant

Ah

Si les juments sont libres d'aller au pas

Si les juments sont libres d'aller au pas

Pourquoi pas nous

Advienne que pourra

Voilà tout

Le véritable amour peut tout changer

Ça tient dorénavant du miracle mais pourquoi pas

Il est là

Il nous attend

Notre sauveur patient

Le véritable amour peut tout changer

Il peut transformer l'âme il peut la combler

Si les juments sont libres d'aller au pas

Dame nature

Ce matin le coq chante, ne l'entends-tu pas ?
Un lapin sans se faire tuer traverse la route
L'eau murmure de plaisir sous un vieux pont
Je suis heureux de te voir sourire ingénue
Sous un ciel bleu dans tes beaux yeux nus
En ce nouveau matin, ce nouveau matin
Impossible de ne pas aller bien avec toi

Ce moteur ronronne ne l'entends-tu pas ?
L'automobile sportive fait preuve de style
En montant la petite route de montagne docile
Je suis heureux de te voir sourire ingénue
Sous un ciel bleu dans tes beaux yeux nus
En ce nouveau matin, ce nouveau matin
Impossible de ne pas aller bien avec toi

Ce soleil qui brille ne le ressens-tu pas ?
Une marmotte court, près du ruisseau champêtre
Ce doit être le jour où tous mes rêves se réalisent
Je suis heureux de te voir sourire ingénue
Sous un ciel bleu dans tes beaux yeux nus

En ce nouveau matin, ce nouveau matin
Impossible de ne pas aller bien avec toi

Si content rien que d'être vivant
Sous le ciel bleu
En ce nouveau matin, ce nouveau matin
Impossible de ne pas aller bien avec toi
Dame nature

Trois anges

Trois anges en haut d'un immeuble
Humbles, regardent ce monde étrange
En jouant du violon
Vêtus de leurs aubes blanches d'où dépassent leurs ailes,
Ils contemplent le matin où tout va changer
Un rat des villes fouille des poubelles avec un rat des champs.
Un monsieur distingué en avance ouvre une petite boutique de vieux souvenirs
Une voiture carbonisée qui n'était pas là hier fume encore sur la route en travers
Le premier bus de la onzième avenue va vers l'est sans chauffeur apparemment
Quelques hommes et femmes s'accouplent sans faire de bruit, tout doucement
Un enfant seul prend son petit déjeuner avec son ami Ricoré son cartable à ses côtés
La rue petit à petit s'agite dans la grisaille d'un jour encore comme les autres, il est ignoré

L'infirmière en blue-jean qui a fini sa dernière nuit
tranquille monte dans le bus
Elle voit un chat noir traverser de gauche à droite,
de la poubelle à une voiture mal en point
Trois gars sortent de nulle part, le premier tousse,
l'autre le touche et le troisième a déjà des sueurs
froides
Personne ne sait encore pourquoi ni comment et
jusqu'à quand
Sauf les anges qui se tiennent assis sur le rebord
du monde à faire leur drastique sélection,
La rue sans masque dévoile ses incertitudes, ses
habitudes, ses platitudes
Un contrôleur taciturne monte dans le bus, il y a
l'infirmière devant souriante, les trois gars
effrayants
L'écolier toujours seul, un couple d'amoureux
aveugle, ainsi qu'un pauvre homme avec une
chemise à carreaux déchirée
Dans ce monde bétonné plein d'âmes grises
Les anges jouent aux bons petits diables toute la
journée, avec un quota à éliminer

La terre entière semble passer là en procession avant d'être presque tous jetés dans la fosse aux trublions.

Mais quelqu'un entend-il la musique qu'ils jouent,

Quelqu'un essaie-t-il seulement ?

Les dés sont jetés

Madona

Madona laisse pousser tes beaux cheveux
Je te donnerai tout l'or du monde
Que tu n'en mettrais jamais assez sur ton corps
Si seulement tu laissais pousser tes cheveux
blonds

Madona qu'en penses-tu
C'est comme ça que je te préfère
Madona qu'en penses-tu
Madona le feras-tu

Madona sois gentille avec moi
Oh, mon cœur sera si reconnaissant
Car j'ai tant envie de toi comme ça
Madona soit gentille pour une fois

Madona laisse pousser tes beaux cheveux
Je te donnerai tout l'or du monde
Que tu n'en mettrais jamais assez sur ton corps
Si seulement tu laissais pousser tes cheveux
blonds

Les textes du chapitre 3 sont inspirés de :

ALBUM : "John Wesley Harding" – 1967
- Chris Jack Isermann : John Wesley Harding
- I pity the rich immigrant : I Pity The Poor Immigrant
- Le message : The Wicked Messenger
- Ce matin je suis ton amour : I'll be your baby tonight

ALBUM : "Nashville Skyline" – 1969
- Aujourd'hui : Tonight i'll be staying with you
- Restez, Lady, Restez : Lay, Lady, lay
- Seul avec toi inspiré de : To be alone with you

ALBUM : "Self portrait" – 1970
- Les Jabacs de : Quinn The Eskimo (The Mighty Quinn)
- Madona : Alberta

ALBUM : "New morning" - 1970

- Si les juments sont libres d'aller au pas :
  If Dogs Run Free
- Dame nature : New Morning
- Trois anges : Three Angels

Sur le fil d'avril avec Dylan

Chapitre 4

Les 12 nouveaux titres dans ce chapitre 4 « Sur le fil d'avril avec Bob Dylan » de 1973 à 1976 marquent plusieurs tournants : rupture sentimentale, rupture puis retour avec sa maison d'édition. Il reprend de grandes tournées et fait de nombreux albums proches de l'âge d'or de ses débuts et mène aussi d'autres projets en parallèle.

.

Frapper aux portes du paradis

Seigneur détourne-moi de cette horreur
Envoie-moi vers le bon chemin
Fais de moi un berger et non un mouton
Avant que tout ne devienne noir, pour voir
Je veux frapper aux portes du Paradis.

Frappe, frappe, frappe, aux portes du Paradis
Frappe, frappe, frappe, aux portes du Paradis
Frappe, frappe, frappe, aux portes du Paradis
Frappe, frappe, frappe, aux portes du Paradis

Seigneur donne-moi une âme d'innocent
Je ne veux plus tuer et me faire tuer
Ce long nuage noir descend sur nous
Je veux frapper aux portes du Paradis.

Frappe, frappe, frappe, aux portes du Paradis
Frappe, frappe, frappe, aux portes du Paradis
Frappe, frappe, frappe, aux portes du Paradis
Frappe, frappe, frappe, aux portes du Paradis

Jamais je ne partirai

Le saule pleureur
Jamais ne pleurera
Et sur ton visage
Toujours un sourire
Triomphera
Jamais
Je ne partirai
Loin de toi

J'ouvre mon livre
Sur mes pages griffonnées
Et entre mes maux chiffonnés
J'écris notre amour
Sourd à tout discours
Jamais
Je ne partirai
Loin de toi

Je suis suspendu
À tes lèvres, à ta voix,
Et si tu étais pendue

Ou clouée sur la croix
Je te suivrai mon amour
Jamais
Je ne partirai
Loin de toi

Ma mère m'a dit « Va mon petit suis ton cœur
Et tout ira bien à la fin du parcours
Choisis ton sort sans accepter leur or
Toi et ton amour ne vous perdez pas dans d'autres corps »

Et à nos enfants je leur dirai
Rien ne sert d'aller
Dans d'autres chemins
Que celui qui vous va bien
Rien ne sert de râler
Jamais
Ne partez
Loin
De nous

Jeune pour toujours

Puissent les anges ne pas te choisir trop tôt
Puissent que quelques-uns de tes rêves soient
accomplis
Puisses-tu toujours agir pour autrui
Puisses-tu pardonner à certains salauds
Puisses-tu garder ton amour jusqu'en fin de
parcours
Et tous tes poussins dans ta basse-cour
Puisses-tu rester jeune pour toujours
Jeune pour toujours

Puisse ton amour ne pas te trahir
Et toi comme au premier jour la chérir
Puissent tes beaux petits poèmes
Être lus par un autre que toi-même
Puisse ta graine toujours te dire je t'aime
Puisse ta haine ne pas être un problème
Puisses-tu rester jeune pour toujours
Jeune pour toujours

Puisses-tu grandir sans te mentir

Et t'envoler vers cette liberté espérée

Puisse ton corps de sa chrysalide sortir

Et rester debout quand des vents mauvais

Se mettront à souffler bien fort sur soi

Puisses-tu transmettre cette foi en toi

Qui bouscule ce monde aux abois sans loi

Puisses-tu rester jeune pour toujours

Jeune pour toujours

Embourbé jusqu'au cou

Laquelle des variantes fut la plus belle ?
Le soleil se lève, elle est encore allongée
A se demander si ce corps a changé
Si ses cheveux blonds sont assez longs
De génération en génération ils vont en baver,
Toujours plus pauvres et moins sobres
Les femmes feront le parterre et la lessive dociles
Les hommes partiront à la guerre ou à l'usine
Il peut partir sur les gris chemins
Vers de plus beaux lendemains
Mais la pluie le suivra où qu'il aille, on verra
Rien personne ne l'empêchera
Embourbé jusqu'au cou

Elle était un peu infidèle bien trop belle
Sur le point de divorcer, pêle-mêle
Je crois qu'il l'a bien remise en selle
À moins que ce ne soit le contraire
Ils y allèrent très fort, trop fort
À sortir de leur zone d'inconfort
Ils ont pris à toute vitesse l'autoroute du soleil

Et après des jours sans faim et des nuits de miel

Ils ont laissé la vieille caisse épuisée sur le bord

En panne sans ressort, et alors avant que l'un d'eux ne s'enfuit

D'un commun accord avant que l'amour n'aille droit vers la mort

Elle s'est retournée ses yeux bleus pleurant dans la nuit sous la pluie

Elle a dit "Ce n'est pas une fin sans doute"

"Nous nous croiserons une autre fois sur la route"

Embourbés jusqu'au cou

De petit boulot en petit boulot

De petite galère en grande galère

Il en a eu des mots

D'émoi et des moi(s)

Des bagarres et quelques hasards

Un hussard est tombé du toit

Un motard a eu son accident sans sa guitare

Il en dit quoi Zimmerman ?

Il est tout seul en détresse

Avec de nombreuses maitresses

Mais il n'y en qu'une qui lui manque

De ce passé sans compte en banque

Enfin de ne plus être embourbé jusqu'au cou

Un peu cliché comme choix petit poète

Cette belle serveuse, réelle, bonne bosseuse

Il la mate fier devant sa énième bière

Elle lui rappelle tant cette aventure fiévreuse

Et quand les clients du bar rentrent se coucher

Il attend patiemment qu'elle vienne le toucher

Elle s'approche sur la musique en fête

De ce Simple twist of fate

Elle lui susurre à l'oreille que c'est l'heure

Et il lui dit : « Es-tu sûre, j'ai trop peur

Que l'histoire se répète »

Et qu'il a mal à la tête

Et qu'il a mal au cœur

Depuis qu'il est embourbé jusqu'au cou

Attends-moi un petit instant je te ramène

Dit-elle, tu n'es pas en état, avec toute ta peine

Et avant que ne reparte cette reine

Elle lui déposa dans son cou un doux bisou

Il lui prit alors le poignet délicatement

Comme quand on tient un petit animal

Et lui répondit : « Le monde tourne mal,

Mais dis-moi avant comment tu t'appelles »

Depuis quand un homme se fait ramener

Par une belle qui ne sera jamais la sienne

Elle s'est retournée, un sourire de sirène aux lèvres

Et quand il s'est replongé dans le fond de son verre

Il s'est mis à croire que c'était un rêve

Que lui habituellement était embourbé jusqu'au cou

Et le cow-boy sans son cheval est sorti titubant

La dernière variante du poème est la même

Le passé le présent le futur s'emmêlent étonnants

La fille aux longs cheveux blonds n'est pas une illusion, il l'aime

C'est elle qui l'a ramené à son hôtel

Qui l'a remis sur les rails,

Vers le droit chemin

Avant qu'il ne déraille

En le sortant de la boue

Lui déposant un dernier doux bisou dans le cou

Un simple coup du sort

Elle le ramena à cet hôtel miteux
Où scintillait un vieux néon généreux
Aucun des deux ne prononça de mots
Les étoiles étaient leur seul réconfort
Dans ce monde tristement beau
Il avançait, ébréché dans son corps
En attendant un simple coup du sort

Pourquoi il ne la remercia même pas
Quand elle l'aida en lui prenant son bras
Et qu'elle le guida dans ses propres pas
Il ne le sait pas, mais, qu'il était bien
Sans avoir à se soucier de son destin
Elle ouvrit la porte d'un nouveau décor
Pour la grâce d'un simple coup du sort

La suite, il ne s'en souvient plus
Quelle importance, la belle lui avait plu
Elle l'a couché et dans ses yeux il a vu
Un éclair de beauté le foudroyant
Un sourire éclatant le transperçant

Une aura au-dessus puis au-dedans
Revenant comme un simple coup du sort

Un saxophone jouait quelque part
Il se souviendra de cette histoire
Comme de celle qui l'a encore laissé choir
Le parquet flottant saugrenu,
L'odeur agréable de ce corps perdu
Les volets roulants à moitié descendus,
Qui laissaient passer la lumière ténue
À l'aube avenant
Oubliant ce simple coup du sort

Quand il se réveilla au soleil brûlant
Il comprit rapidement, le mauvais chant
Du perroquet incessant, de cette absence
Remontant le fil du temps
De ces moments d'errance
Cette chambre vide était encore remplie de
Cette courte espérance qui s'est fait appeler Sara
Emportée par un simple coup du sort

Certains diront qu'il a péché

De ne pas avoir voulu chercher

Dans les docks, dans les cafés

Cette âme qui serait sa moitié

Que de regrets en remords

Il détruira son propre corps

Mais peut-être qu'encore

Ils se retrouveront sur un simple coup du sort

La promesse

Je suis bien seul depuis que t'es partie
J'ai vu l'amour qui m'a transporté
Dans ma chambre dans mon lit
Le bonheur n'a jamais été tant à ma portée
Il m'est tombé du ciel une nuit étoilée
Je suis bien seul depuis que t'es partie

Pour donner du plaisir sans attention
Sans lendemain je suis un champion
Mais je tombe sans cesse plus bas
Quand elle revient avec ses appâts
Et qu'elle ensorcelle ma vie de fourmi
Je suis bien seul depuis que t'es partie

Blé dur, asperges tendres et sauvages,
Ses longs cheveux en travers du visage,
Elle fait pleurer mes yeux bleus,
Elle fait saigner mon cœur creux
Je ne me souviens plus de sa respiration
Du baiser dans le cou de cette sensation
Je suis bien seul depuis que t'es partie

Sur les flancs du Pic, l'odeur du thym
Le chant des cigales, la couleur des vignes
Les gens goûtent ses saveurs en son sein
Et je me dis qu'avec toi j'en serai digne
Et que l'on pourrait être ensemble pour toujours
Et chaque matin je te dirai d'un sourire, bonjour
Je ne serai jamais seul quand tu seras de retour

Combien d'histoires ont bien fini finalement
De mémoire je n'en connais que peu
Me vient comme exemple celle de Blandine et
Christian
Mais rien ne sert de comparer les cheveux
Et toutes mes liaisons dangereuses avec cette
aventure d'une nuit
Je suis bien seul depuis que t'es partie

Que vais-je faire dorénavant sans ma fée
Qui ne veut pas me gâter et qui pourrit ma vie
Pourquoi dois-je attendre les bras croisés
Attendre toujours qu'elle réapparaisse
Sans que je puisse nous mettre en laisse
Je suis bien seul depuis que t'es partie

Je vais chercher comme un détective
Parcourir s'il le faut toute cette grise contrée
Fouiller les tours de béton, la moindre coursive
Fouler toutes les herbes hautes, les sombres forêts
Je nous promets nous nous retrouverons

Un abri pour l'orage

C'était hier et ce sera demain, le total chaos
Quand la terre brûle et que la boue coule
Je marche seul dans le désert, épuisé
« Entre" dit-elle, "Je t'abriterai de l'orage"

Je consomme et je me consume sans fin
Je dévore et arbore un corps de sculpture
La terre est capricieuse, elle se révolte
« Entre » dit-elle, "Je t'abriterai de l'orage"

J'ai peur des autres et des apôtres
Je vois les anges en haut de la tour de guet
Ou des machines qui prennent le contrôle
« Entre », dit-elle, "Je t'abriterai de l'orage"

Depuis quand sommes-nous présents
Et depuis quand devenons-nous absents ?
L'amour nous changera-t-il ou est-ce trop tard
« Entre » dit-elle, "Je t'abriterai de l'orage"

Combien d'espèces a-t-on anéanties ?

Et combien de temps nous reste-t-il ?

Aurons-nous le temps de mettre le pied sur Mars?

« Entre », dit-elle, "Je t'abriterai de l'orage"

Je souhaitais quitter mon petit village

La ville et les vils l'ont absorbé

Le puzzle s'est refermé il manque une pièce

« Entre », dit-elle, "Je t'abriterai de l'orage"

J'ai cherché les mots, les joyaux dans ceux du poète

La musique classique dans les nouveaux mauvais morceaux

Les prédictions et les dystopies effrayantes

« Entre » dit-elle, "Je t'abriterai de l'orage".

Ce chemin qui est le mien et aussi le tien

Fatigué mais encore debout, traqué sans un sou

Je ne recule plus je sais que cela viendra

« Entre » dit-elle, "Je t'abriterai de l'orage".

Soudain elle se tint, face à moi, les cieux à son écoute

D'une présence délicieuse qui déroute, elle déroule

Elle s'avança vers moi si gracieuse et ôta mes pensées d'épines

« Entre » dit-elle, « Je t'abriterai de l'orage, te ferai devenir un sage »

Tu ne vas nulle part

Sous les nuages de poussière je la vois
La pluie noire ne tombera pas cette fois
La porte ne se refermera pas sur moi
J'ai trop froid sans toi
Colle-toi à moi par ce temps hivernal
Je ne pars nulle part sans toit
Waouh ! Emmène-moi plus haut
Ensemble nous irons il le faut
Comme des fiancés de l'éternité
Waouh, nous allons voler
Sur le matelas magique !

Depuis que je t'ai retrouvée
Après tant de recherches de trajets effectués
De matins gris et de nuits d'insomnies
D'argent et d'énergie employés
Prends ton sac à dos
Tu ne vas nulle part sans moi
Waouh ! Emmène-moi plus haut
Ensemble nous irons il le faut
Comme des fiancés de l'éternité

Waouh, nous allons voler
Sur le matelas magique !
Prends avec toi un chapeau
S'il le faut je porterai ton fardeau
Te donnerai de mon eau
Attache-toi à moi
A l'arbre avec ses racines
Nous n'irons nulle part que dans les bois
Waouh ! Emmène-moi plus haut
Ensemble nous irons il le faut
Comme des fiancés de l'éternité
Waouh, nous allons voler
Sur le matelas magique !

Le grand Dylan
Ne pouvait pas écrire
À tous ses fans
De lettres d'amour
Mais nous, nous grimperons
En haut des monts, des merveilles
Nous y serons un jour, j'y veille
Waouh ! Emmène-moi plus haut
Ensemble nous irons il le faut

Comme des fiancés de l'éternité

Waouh, nous allons voler

Sur le matelas magique !

Des larmes de sages

Elle t'a portée dans ton ventre
Comme celle qui porterait le graal
Nous t'avons élevée dans notre antre
Pour que tu ne partes pas loin du cocon familial
Tranquille vers un autre âge loin de notre cage
Nous laissant seuls avec nos larmes de sage
Oh quel enfant chéri sous le soleil de notre vie
Sera aux petits soins pour nous qui tournons la page
Larmes de sage, larmes sur nos vieux visages
Pourquoi serions-nous des êtres abandonnés ?
Viens nous voir maintenant, tu sais
Nous sommes si seuls
Et la vie est si courte

Nous t'avons montré plein de chemins
Ecrit ton nom sur tous nos parchemins
Bien que tu croies que pour nous c'est facile
Que l'on ne peut pas être fragile
Sache qu'un pays peut à chaque fois décevoir

Qu'un ancien ami peut ne jamais vouloir nous revoir

Qu'il est difficile de choisir entre la pomme et la poire

Mais un enfant doit toujours être un espoir

Larmes de sage, larmes sur nos vieux visages

Pourquoi serions-nous des êtres abandonnés ?

Viens nous voir maintenant, tu sais

Nous sommes si seuls

Et la vie est si courte

Ce fut loin d'être indolore

Lorsque tu es partie vers d'autres horizons

Tu n'auras plus toutes nos lourdes instructions

Juste quelques messages lointains sonores

Sache que nos cœurs seront toujours remplis d'or

Quel que soit le sort que tu nous réserves

Notre porte sera toujours une alternative

Nous ne t'aimons chaque jour pas moins fort

Oublie nos larmes de sage sur nos vieux visages

On sait que nous ne serons jamais des êtres abandonnés

Viens nous voir quand tu veux, tu sais
Nous savons que nous ne sommes pas seuls
Et la vie est encore longue…

Hurricane

Deux noirs, prétendus hors la loi,

Cette nuit-là entrent dans le bar

Et tirent à tout va sur des blancs innocents,

Deux clients et le patron meurent

Dans une mare de sang dans le New Jersey à Paterson.

Connaissez-vous Hurricane Carter le coupable désigné

Et son ami Artis sans preuves sur la table, accusés.

Pour la peine à perpétuité.

Vous vous en doutiez.

Voulez-vous savoir ?

Ils sont noirs, parfaits coupables.

La voiture pourrait être la leur,

Elle aurait la même couleur blanche selon un témoin.

Ils ont l'allure de tueurs,

Le détecteur de mensonge donne à l'examinateur des signes que ces deux-là,

Sont bien des fraudeurs.

Un loser et un boxeur flamboyant aux alibis peu convaincants.

En plus ils traînaient dans le coin

En possession d'une arme similaire

À celle utilisée la terrible nuit.

Des témoins discordants peu scrupuleux,

Un coupable à trouver avec soin par des flics malveillants

Et des tribunaux orientés avec en fond un racisme persistant

Et un état des plus défaillants.

Symbole de l'injustice,

L'une des plus grandes erreurs judiciaires

Condamnant les deux innocents.

Bob Dylan chanta leur innocence

Après avoir lu l'autobiographie de Hurricane Carter

Et l'avoir rencontré en prison.

Sa chanson très controversée rencontra un énorme succès

Et les aida très certainement dans leur future réhabilitation.

Rubin Carter fut incarcéré 19 ans et consacra le reste de sa vie à lutter contre les erreurs judiciaires.

Il réussit dans ses combats à innocenter David Mac Callum

Une autre injustice, une autre histoire

Que je vous raconterai peut-être une autre fois.

Marseille

J'aime séjourner à Marseille quelque temps
Au soleil j'admire les cieux dans la belle bleue
Les couples sont joue contre joue dansant
C'est merveilleux à deux en amoureux

Il y a tant de jolies filles à Marseille
Tant de beaux garçons à Marseille
Tant de belles histoires d'amour
Chaque jour on y joue au tambour

Dans la rue les enfants de tous horizons
Jouent comme Zinedine au ballon
Tandis que des vieux à la pétanque
Tirent ou pointent de la corniche à l'Estaque

Et quand il faut quitter Marseille
Et laisser le bonheur, le sable et la mer
Toutes ses merveilles et notre Bonne Mère
On se retourne sur ce charme véniel
Car ici pas comme à Paris tout y est magique

Libre et cosmopolite

Le blues de l'argent

Assis là, las à me demander
Où est l'argent que j'avais volé
Assis las, là à t'accuser
D'avoir arrosé l'arroseur
Je t'avais tout donné
Ma jolie fleur
Et tu n'as rien gardé,
Mon attache cœur
Ma peau de vache

Quand j'ai dû sortir
Pour trouver de la nourriture
Presque je me suis fait traiter de crevure
Quand dans les poubelles
Je cherchais de quoi nous nourrir
Faut pas que tu te fâches

Puis il y a eu le proprio qui voulait son petit loyer
Du trimestre dernier et j'ai voulu la jouer brio
Et je me suis fait casser les dents de devant
Par un trio qui a déboulé sans avenant,

Tu comprends
Je ne suis pas un lâche
J'ai voulu ensuite dévaliser ma banque verte
Comme « un branque » cela s'est mal terminé
Ils n'ont plus de billets, ni de coffre et j'ai tiré
Je crois que j'en ai tué un ou deux avant l'alerte
Avant que je m'arrache
Avant qu'ils ne m'attachent

Je fus cueilli les bras en l'air
En face ils avaient un air patibulaire
Ils ont voulu me mettre à terre
Je fus poli j'ai laissé faire

J'ai pris perpète comme Hurricane
Maintenant je marche avec une canne
Ici ce n'est pas toujours la fête
Mais je vois toujours ma jolie fleur
Et qu'assez je le lui répète
Que je l'aime
Mon attache cœur
Il faut que tu saches
Ici je n'ai plus le blues de l'argent

Les textes du chapitre 4 sont inspirés de :

ALBUM : "Pat Garrett & Billy The Kid – 1973

- Frapper aux portes du paradis : Knockin'On Heaven's Door

ALBUM : "Planet Waves" – 1974

- Jamais je ne partirai : Going, Going, Gone
- Jeune pour toujours de : Forever Young

ALBUM : "Blood on the tracks" – 1975

- Embourbé jusqu'au cou : Tangled Up In Blue
- Un simple coup du sort : Simple Twist of Fate
- La promesse : You're gonna lonesome when you go
- Un abri pour l'orage : Shelter from the storm

ALBUM : "The basement tapes" – 1975

- Tu ne vas nulle part : You ain't goin' nowhere

- Des larmes de sages : Tear of rage

ALBUM : "Désire" - 1976
- Hurricane : Hurricane
- Marseille : Mozambique
- Le blues de l'argent : Money Blues

Table des matières

En attendant le prochain !

Quand je me suis embarqué dans cette aventure, je savais que j'allais passer de bons moments. J'espère que vous avez pris autant de plaisir en lisant ces textes que moi en les écrivant. J'espère que vous y reviendrez et que vous les partagerez avec d'autres. Peut-être que par moment vous vous reconnaitrez dans mes mots, dans ses maux mais aussi dans ces petits bonheurs qui nous rendent tous par certains côtés identiques. Nous naissons, nous mourons, nous rions, nous pleurons, nous aimons et nous n'aimons pas, nous cherchons, et parfois nous trouvons des petits trésors comme dans le sourire d'un enfant, le vol de cigognes, le souffle du vent, une main tendue, de gentilles paroles, de belles chansons, ou de beaux écrits …

Si j'avais deux personnes à remercier, bien sûr je remercierais Bob Dylan pour avoir puiser dans ses chansons une inspiration, une poésie, un brin de vie, mais d'abord je remercierais ma famille. Alors oui cela ne fait pas que deux personnes, d'autant que si tu lis ces mots je peux dire que tu fais partie de ma famille. Cette famille de personnes qui continue de lire, de s'ouvrir sur le monde, d'aimer son prochain.

Il est temps de fermer ce premier recueil sur une belle citation de Bob Dylan en attendant le prochain volume.

« On cherche parfois le paradis aux mauvais endroits. Alors qu'on l'a à ses pieds ».